LE GUIDE

DES ÉLECTEURS.

ORDONNANCE DU ROI.

CHARLES, par la grace de Dieu, Roi de France et de Navarre,

A tous ceux qui ces présentes verront, salut.

Vu l'article 5o de la Charte constitutionnelle;

Vu les lois des 5 février 1817, 25 mars 1818, 29 juin 1820, 9 juin 1824, 2 mai 1827 et 2 juillet 1828, et les ordonnances royales des 27 novembre 1816, 4 septembre et 11 octobre 1820;

Sur le rapport de notre Ministre secrétaire d'état au département de l'intérieur,

Nous avons ordonné et ordonnons ce qui suit :

Art. 1ᵉʳ. La Chambre des Députés est dissoute.

2. Les colléges électoraux sont convoqués dans tout le royaume : ceux d'arrondissement et ceux des départemens qui n'ont qu'un collége, pour le 23 juin 1830; les colléges départementaux, pour le 3 juillet; et le collége du département de la Corse, pour le 20 juillet.

3. Conformément à l'art. 6 de la loi du 2 mai 1827 et à l'art. 22 de la loi du 2 juillet 1828, les préfets publieront la présente ordonnance immédiatement après sa réception ; ils ouvriront le registre des réclamations, feront afficher de nouveau les listes électorales, et publieront le tableau de rectification dans le délai prescrit par la loi du 2 juillet 1828.

4. Il sera procédé, pour les opérations des colléges électoraux, ainsi qu'il est réglé par l'ordonnance royale du 11 octobre 1820.

5. La Chambre des Pairs et la Chambre des Députés des départemens sont convoquées pour le trois août prochain.

6. La présente sera exécutoire dans tous les départemens, du jour où elle aura été enregistrée à la préfecture, conformément à l'art. 4 de l'ordonnance royale du 27 novembre 1816.

7. Notre Ministre secrétaire d'état au département de l'intérieur est chargé de l'exécution de la présente ordonnance, qui sera insérée au Bulletin des lois.

Donné en notre château de Saint-Cloud, le 16 mai de l'an de grâce 1830, et de notre règne le sixième.

CHARLES.

Par le Roi :

Le Ministre secrétaire d'état au département de l'intérieur,

MONTBEL.

LE
GUIDE DES ÉLECTEURS,

CONTENANT

LA CHARTE CONSTITUTIONNELLE,

LA LOI SUR LA LIBERTÉ DE LA PRESSE, LE DISCOURS DU ROI A L'OUVERTURE DE LA SESSION DE 1830; L'ADRESSE EN RÉPONSE AU DISCOURS PAR LA CHAMBRE DES PAIRS DE FRANCE ET CELLE DES DÉPUTÉS; L'ORDONNANCE DE PROROGATION DES DEUX CHAMBRES AU 1ᵉʳ SEPTEMBRE 1830;

LE DISCOURS
DE M. CHATEAUBRIAND;

LA LISTE DE MM. LES DÉPUTÉS QUI ONT VOTÉ POUR OU CONTRE L'ADRESSE,

ET L'ORDONNANCE DE DISSOLUTION DE LA CHAMBRE DES DÉPUTÉS.

Monument éternel de Gloire

DÉDIÉ A MM. LES ÉLECTEURS.

A PARIS,

CHEZ GERMAIN MATHIOT, LIBRAIRE,

RUE DE L'HIRONDELLE, Nº 22,

près le pont Saint-Michel.

—

1830.

IMPRIMERIE DE DEMONVILLE,
rue Christine, n° 2.

CHARTE

CONSTITUTIONNELLE,

DU 4 JUIN 1814,

(Conforme à l'Edition officielle).

LOUIS, PAR LA GRACE DE DIEU, ROI DE FRANCE ET DE NAVARRE,

A tous ceux qui ces présentes verront, salut.

La divine Providence, en nous rappelant dans nos Etats après une longue absence, nous a imposé de grandes obligations. La paix était le premier besoin de nos sujets : nous nous en sommes occupés sans relâche, et cette paix, si nécessaire à la France comme au reste de l'Europe, est signée. Une Charte constitutionnelle était sollicitée par l'état actuel du royaume; nous l'avions promise, et nous la publions. Nous avons considéré que, bien que l'autorité toute entière résidât en France dans la personne du Roi, nos prédécesseurs n'avaient point hésité à en modifier l'exercice, suivant la différence des temps; que c'est ainsi que les communes ont dû leur affranchissement à Louis-le-Gros, la confirmation et l'extension de leurs droits à Saint-Louis et à Philippe-le-Bel; que l'ordre judiciaire a été établi et développé

I

par les lois de Louis XI, de Henri II et de Charles IX ; enfin que Louis XIV a réglé presque toutes les parties de l'administration publique par différentes ordonnances dont rien encore n'avait surpassé la sagesse.

Nous n'avons dû, à l'exemple des Rois nos prédécesseurs, apprécier les progrès toujours croissans des lumières, les rapports nouveaux que ces progrès ont introduits dans la société, la direction imprimée aux esprits depuis un demi-siècle, et les graves altérations qui en sont résultées : nous avons reconnu que le vœu de nos sujets pour une Charte constitutionnelle était l'expression d'un besoin réel ; mais, en cédant à ce vœu, nous avons pris toutes les précautions pour que cette Charte fût digne de nous et du peuple auquel nous sommes fiers de commander. Des hommes sages, pris dans les premiers corps de l'Etat, se sont réunis à des commissaires de notre Conseil, pour travailler à cet important ouvrage.

En même temps que nous reconnaissions qu'une constitution libre et monarchique devait remplir l'attente de l'Europe éclairée, nous avons dû nous souvenir aussi que notre premier devoir envers nos peuples était de conserver, pour leur propre intérêt, les droits et les prérogatives de notre couronne. Nous avons espéré qu'instruits par l'expérience, ils seraient convaincus que l'autorité suprême peut seule donner aux institutions qu'elle établit, la force, la permanence et la majesté dont elle est elle-même revêtue ; qu'ainsi, lorsque la sagesse des Rois s'accorde librement avec le vœu des peuples, une Charte constitutionnelle peut être de longue durée; mais que, quand la violence arrache des concessions à la faiblesse du Gouvernement, la liberté publique n'est pas moins en danger que le trône même. Nous avons enfin cherché les principes de la Charte constitutionnelle dans le caractère français et dans les monumens vénérables des siècles passés. Ainsi, nous avons vu dans le renouvellement de la pairie une Constitution vraiment nationale, et qui doit lier tous les souvenirs à toutes les espérances, en réunissant les temps anciens et les temps modernes.

Nous avons remplacé par la Chambre des Députés ces anciennes assemblées des champs de Mars et de Mai, et ces chambres du Tiers-Etat, qui ont si souvent donné tout à la fois des preuves de zèle pour les intérêts du peuple, de fidélité et de respect pour l'autorité des Rois. En cherchant ainsi à renouer la chaîne des temps, que de funestes écarts avaient interrompue, nous avons effacé de notre souvenir, comme nous voudrions qu'on pût les effacer de l'histoire, tous les maux qui ont affligé la patrie durant notre absence. Heureux de nous retrouver au sein de la grande famille, nous n'avons su répondre à l'amour dont nous recevons tant de témoignages, qu'en prononçant des paroles de paix et de consolation. Le vœu le plus cher à notre cœur, c'est que tous les Français vivent en frères, et que jamais aucun souvenir amer ne trouble la sécurité qui doit suivre l'acte solennel que nous leur accordons aujourd'hui.

Sûr de nos intentions, fort de notre conscience, nous nous engageons, devant l'assemblée qui nous écoute, à être fidèles à cette Charte constitutionnelle, nous réservant d'en jurer le maintien avec une nouvelle solennité, devant les autels de celui qui pèse dans la même balance les Rois et les Nations.

A ces causes, nous avons volontairement, et par le libre exercice de notre autorité royale, ACCORDÉ ET ACCORDONS, FAIT CONCESSION ET OCTROI à nos sujets, tant pour nous que pour nos successeurs, et à toujours, de la Charte constitutionnelle qui suit :

Droits publics des Français.

Art. 1ᵉʳ. Les Français sont égaux devant la loi, quels que soient d'ailleurs leurs titres et leurs rangs.

2. Ils contribuent indistinctement, dans la proportion de leur fortune, aux charges de l'Etat.

3. Ils sont tous également admissibles aux emplois civils et militaires.

4. Leur liberté individuelle est également garantie, personne ne pouvant être poursuivi ni arrêté que dans les cas prévus par la loi, et dans la forme qu'elle prescrit.

5. Chacun professe sa religion avec une égale

liberté, et obtient pour son culte la même protection.

6. Cependant la religion catholique, apostolique et romaine est la religion de l'Etat.

7. Les ministres de la religion catholique, apostolique et romaine, et ceux des autres cultes chrétiens, reçoivent seuls des traitemens du trésor royal.

8. Les Français ont le droit de publier et de faire imprimer leurs opinions, en se conformant aux lois qui doivent réprimer les abus de cette liberté.

9. Toutes les propriétés sont inviolables, sans aucune exception de celles qu'on appelle *nationales*, la loi ne mettant aucune différence entre elles.

10. L'Etat peut exiger le sacrifice d'une propriété, pour cause d'intérêt public légalement constaté, mais avec une indemnité préalable.

11. Toutes recherches des opinions et votes émis jusqu'à la restauration, sont interdites. Le même oubli est commandé aux tribunaux et aux citoyens.

12. La conscription est abolie. Le mode de recrutement de l'armée de terre et de mer est déterminé par une loi.

Forme du Gouvernement du Roi.

13. La personne du Roi est inviolable et sacrée.

Ses Ministres sont responsables. Au Roi seul appartient la puissance exécutive.

14. Le Roi est le chef suprème de l'Etat, commande les forces de terre et de mer, déclare la guerre, fait les traités de paix, d'alliance et de commerce, nomme à tous les emplois d'administration publique, et fait les règlemens et ordonnances nécessaires pour l'exécution des lois et la sûreté de l'Etat.

15. La puissance législative s'exerce collectivement par le Roi, la Chambre des pairs et la Chambre des députés des départemens.

16. Le Roi propose la loi.

17. La proposition de la loi est portée, au gré du Roi, à la Chambre des pairs ou à celle des députés, excepté la loi de l'impôt, qui doit être adressée d'abord à la Chambre des députés.

18. Toute loi doit être discutée et votée librement par la majorité de chacune des deux Chambres.

19. Les Chambres ont la faculté de supplier le Roi de proposer une loi sur quelque objet que ce soit, et indiquer ce qui leur paraît convenable que la loi contienne.

20. Cette demande pourra être faite par chacune des deux Chambres, mais après avoir été discutée en comité secret : elle ne sera envoyée à l'autre Chambre par celle qui l'aura proposée, qu'après un délai de dix jours.

21. Si la proposition est adoptée par l'autre Chambre, elle sera mise sous les yeux du Roi;

si elle est rejetée, elle ne pourra être représentée dans la même session.

22. Le Roi seul sanctionne et promulgue les lois.

23. La liste civile est fixée, pour toute la durée du règne, par la première législature assemblée depuis l'avénement du Roi.

De la Chambre des Pairs.

24. La Chambre des pairs est une portion essentielle de la puissance législative.

25. Elle est convoquée par le Roi en même temps que la Chambre des députés des départemens. La session de l'une commence et finit en même temps que celle de l'autre.

26. Toute assemblée de la Chambre des pairs qui serait tenue hors du temps de la session de la Chambre des députés, ou qui ne serait pas ordonnée par le Roi, est illicite et nulle de plein droit.

27. La nomination des pairs de France appartient au Roi. Leur nombre est illimité : il peut en varier les dignités, les nommer à vie ou les rendre héréditaires, selon sa volonté.

28. Les pairs ont entrée dans la Chambre à vingt-cinq ans, et voix délibérative à trente ans seulement.

29. La Chambre des pairs est présidée par le chancelier de France, et, en son absence, par un pair nommé par le Roi.

3o. Les membres de la famille royale et les princes du sang sont pairs par le droit de leur naissance. Ils siégent immédiatement après le président ; mais ils n'ont voix délibérative qu'à vingt-cinq ans.

31. Les princes ne peuvent prendre séance à la Chambre que de l'ordre du Roi, exprimé pour chaque session par un message, à peine de nullité de tout ce qui aurait été fait en leur présence.

32. Toutes les délibérations de la Chambre des pairs sont secrètes.

33. La Chambre des pairs connaît des crimes de haute trahison et des attentats à la sûreté de l'Etat, qui seront définis par la loi.

34. Aucun pair ne peut être arrêté que de l'autorité de la Chambre, et jugé que par elle en matière criminelle.

De la Chambre des Députés des Départemens.

35. La Chambre des députés sera composée des députés élus par les colléges électoraux, dont l'organisation sera déterminée par des lois.

36. Chaque département aura le même nombre de députés qu'il a eu jusqu'à présent.

37. Les députés seront élus pour cinq ans, et de manière que la Chambre soit renouvelée chaque année par cinquième.

38. Aucun député ne peut être admis dans la

Chambre, s'il n'est âgé de quarante ans, et s'il ne paie une contribution directe de mille francs.

39. Si néanmoins il ne se trouvait pas dans le département cinquante personnes de l'âge indiqué, payant au moins mille francs de contributions directes, leur nombre sera complété par les plus imposés au-dessous de mille francs, et ceux-ci pourront être élus concurremment avec les premiers.

40. Les électeurs qui concourent à la nomination des députés ne peuvent avoir droit de suffrage s'ils ne paient une contribution directe de trois cents francs, et s'ils ont moins de trente ans.

41. Les présidens des colléges électoraux seront nommés par le Roi, et de droit membres du collége.

42. La moitié au moins des députés sera choisie parmi des éligibles qui ont leur domicile politique dans le département.

43. Le président de la Chambre des députés est nommé par le Roi, sur une liste de cinq membres présentée par la Chambre.

44. Les séances de la Chambre sont publiques; mais la demande de cinq membres suffit pour qu'elle se forme en comité secret.

45. La Chambre se partage en bureaux pour discuter les projets qui lui ont été présentés de la part du Roi.

46. Aucun amendement ne peut être fait à une

loi, s'il n'a été proposé ou consenti par le Roi, et s'il n'a été renvoyé et discuté dans les bureaux.

47. La Chambre des députés reçoit toutes les propositions d'impôts; ce n'est qu'après que ces propositions ont été admises, qu'elles peuvent être portées à la Chambre des pairs.

48. Aucun impôt ne peut être établi ni perçu, s'il n'a été consenti par les deux Chambres, et sanctionné par le Roi.

49. L'impôt foncier n'est consenti que pour un an. Les impositions indirectes peuvent l'être pour plusieurs années.

50. Le Roi convoque chaque année les deux Chambres : il les proroge, et peut dissoudre celle des députés des départemens; mais dans ce cas, il doit en convoquer une nouvelle dans le délai de trois mois.

51. Aucune contrainte par corps ne peut être exercée contre un membre de la Chambre, durant le session, et dans les six semaines qui l'auront précédée ou suivie.

52. Aucun membre de la Chambre ne peut, pendant la durée de la session, être poursuivi ni arrêté en matière criminelle, sauf le cas de flagrant délit, qu'après que la Chambre a permis sa poursuite.

53. Toute pétition à l'une ou à l'autre des Chambres ne peut être faite et présentée que par écrit. La loi interdit d'en apporter en personne à la barre.

Des Ministres.

54. Les Ministres peuvent être membres de la Chambre des pairs ou de la Chambre des députés. Ils ont en outre leur entrée dans l'une ou l'autre Chambre, et doivent être entendus quand ils le demandent.

55. La Chambre des députés a le droit d'accuser les Ministres, et de les traduire devant la Chambre des pairs, qui seule a celui de les juger.

56. Ils ne peuvent être accusés que pour fait de trahison ou de concussion. Des lois particulières spécifieront cette nature de délits, et en détermineront la poursuite.

De l'Ordre judiciaire.

57. Toute justice émane du Roi. Elle s'administre en son nom par des juges qu'il nomme et qu'il institue.

58. Les juges nommés par le Roi sont inamovibles.

59. Les Cours et Tribunaux ordinaires actuellement existans sont maintenus. Il n'y sera rien changé qu'en vertu d'une loi.

60. L'institution actuelle des juges de commerce est conservée.

61. La justice de paix est également conservée. Les juges de paix, quoique nommés par le Roi, ne sont point inamovibles.

62. Nul ne pourra être distrait de ses juges naturels.

63. Il ne pourra en conséquence être créé de commission et tribunaux extraordinaires. Ne sont pas comprises sous cette dénomination les juridictions prévôtales, si leur établissement est jugé nécessaire.

64. Les débats seront publics en matière criminelle, à moins que cette publicité ne soit dangereuse pour l'ordre et les mœurs ; et, dans ce cas, le tribunal le déclare par un jugement.

65. L'institution des jurés est conservée. Les changemens qu'une plus longue expérience ferait juger nécessaires, ne peuvent être effectués que par une loi.

66. La peine de la confiscation des biens est abolie, et ne pourra être rétablie.

67. Le Roi a le droit de faire grâce, et celui de commuer les peines.

68. Le Code civil et les lois actuellement existantes qui ne sont pas contraires à la présente Charte, restent en vigueur jusqu'à ce qu'il y soit légalement dérogé.

Droits particuliers garantis par l'Etat.

69. Les militaires en activité de service, les officiers et soldats en retraite, les veuves, les officiers et soldats pensionnés, conserveront leurs grades, honneurs et pensions.

70. La dette publique est garantie. Toute espèce

d'engagement pris par l'Etat avec ses créanciers est inviolable.

71. La noblesse ancienne reprend ses titres. La nouvelle conserve les siens. Le Roi fait des nobles à volonté; mais il ne leur accorde que des rangs et des honneurs, sans aucune exemption des charges et des devoirs de la société.

72. La Légion d'honneur est maintenue. Le Roi déterminera les règlemens intérieurs et la décoration.

73. Les colonies seront régies par des lois et des règlemens particuliers.

74. Le Roi et ses successeurs jureront, dans la solennité de leur sacre, d'observer fidèlement la présente Charte constitutionnelle.

Actes transitoires.

75. Les députés des départemens de France qui siégeaient au Corps Législatif lors du dernier ajournement, continueront de siéger à la Chambre des députés jusqu'à remplacement.

76. Le premier renouvellement d'un cinquième de la Chambre des députés aura lieu au plus tard en l'année 1816, suivant l'ordre établi dans les séries.

Nous ordonnons que la présente Charte constitutionnelle, mise sous les yeux du Sénat et du Corps Législatif, conformément à notre proclamation du 2 mai, sera envoyée incontinent à la Chambre des pairs et à celle des députés.

Donné à Paris, l'an de grâce 1814, et de notre règne le dix-neuvième.

Signé LOUIS.

Visa : *le Chancelier de France,*
Signé D'AMBRAY.

Le Ministre secrétaire d'Etat,
Signé l'abbé DE MONTESQUIOU.

LOI

SUR LES JOURNAUX ET ÉCRITS PÉRIODIQUES.

Au château de Saint-Cloud, le 18 juillet 1828.

CHARLES, par la grâce de Dieu, ROI DE FRANCE ET DE NAVARRE, à tous présens et à venir, SALUT.

Nous avons proposé, les Chambres ont adopté, NOUS AVONS ORDONNÉ ET ORDONNONS ce qui suit :

Art. 1er. Tout Français majeur, jouissant des droits civils, pourra, sans autorisation préalable, publier un journal ou écrit périodique, en se conformant aux dispositions de la présente loi.

2. Le propriétaire ou les propriétaires de tout journal ou écrit périodique seront tenus, avant sa publication, de fournir un cautionnement.

Si le journal ou écrit périodique paraît plus de deux fois par semaine, soit à jour fixe, soit par livraisons et irrégulièrement, le cautionnement sera de six mille francs de rentes.

Le cautionnement sera égal aux trois quarts du taux fixé, si le journal ou écrit périodique ne paraît que deux fois par semaine.

Il sera égal à la moitié de ce cautionnement, si le journal ou écrit périodique ne paraît qu'une fois par semaine.

Il sera égal au quart, si le journal ou écrit périodique paraît seulement plus d'une fois par mois.

Le cautionnement des journaux quotidiens publiés dans les départemens autres que ceux de la Seine, de Seine-et-Oise et de Seine-et-Marne, sera de deux mille francs de rentes dans les villes de cinquante mille ames et au-dessus, de douze cents francs de rentes dans les autres villes, et de la moitié de ces rentes pour les journaux ou écrits périodiques qui paraissent à des termes moins rapprochés.

3. Seront exempts de tout cautionnement,

1° Les journaux ou écrits périodiques qui ne paraissent qu'une fois par mois, ou plus rarement;

2° Les journaux ou écrits périodiques exclusivement consacrés, soit aux sciences mathématiques, physiques et naturelles, soit aux travaux et recherches d'érudition, soit aux arts mécaniques et libéraux, c'est-à-dire aux sciences et aux arts dont s'occupent les trois académies des sciences, des inscriptions et des beaux-arts de l'Institut royal;

3° Les journaux ou écrits périodiques étrangers aux matières politiques, et exclusivement consacrés aux lettres ou à d'autres branches de connaissances non spécifiées précédemment, pourvu qu'ils ne paraissent au plus que deux fois par semaine;

4° Tous les écrits périodiques étrangers aux matières politiques et qui seront publiés dans une autre langue que la langue française;

5° Les feuilles périodiques exclusivement consacrées aux avis, annonces, affiches judiciaires, arrivages maritimes, mercuriales et prix courans.

Toute contravention aux dispositions du présent article et du précédent sera punie conformément à l'article 6 de la loi du 9 juin 1819.

4. En cas d'association, la société devra être l'une de celles qui sont définies et régies par le Code de commerce.

Hors le cas où le journal serait publié par une société anonyme, les associés seront tenus de choisir entre eux un, deux ou trois gérans, qui, aux termes des articles 22 et 24 du Code de commerce, auront chacun individuellement la signature.

Si l'un des gérans responsables vient à décéder ou à cesser ses fonctions par une cause quelconque, les propriétaires seront tenus, dans le délai de deux mois, de le remplacer, ou de réduire, par un acte revêtu des mêmes formalités que celui de société, le nombre de leurs gérans. Ils auront aussi, dans les limites ci-dessus déterminées, le droit d'augmenter ce nombre, en remplissant les mêmes formalités. S'ils n'en avaient constitué qu'un seul, ils seront tenus de le remplacer dans les quinze jours qui suivront son décès; faute par eux de le faire, le journal ou écrit périodique cessera de paraître, à peine de mille francs d'amende pour chaque feuille ou livraison qui serait publiée après l'expiration de ce délai.

5. Les gérans responsables, ou l'un ou deux d'entre eux, surveilleront et dirigeront par eux-mêmes la rédaction du journal ou écrit périodique.

Chacun des gérans responsables devra avoir les qualités requises par l'article 980 du Code civil, être propriétaire au moins d'une part ou action dans l'entreprise, et posséder, en son propre et privé nom, un quart au moins du cautionnement.

6. Aucun journal ou écrit périodique soumis au cautionnement par les dispositions de la présente loi, ne pourra être publié, s'il n'a été fait préalablement une déclaration contenant,

1° Le titre du journal ou écrit périodique, et les époques auxquelles il doit paraître;

2° Le nom de tous les propriétaires autres que les commanditaires, leur demeure, leur part dans l'entreprise;

3° Le nom et la demeure des gérans responsables;

4° L'affirmation que ces propriétaires et gérans

réunissent les conditions de capacité prescrites par la loi;

5° L'indication de l'imprimerie dans laquelle le journal ou écrit périodique devra être imprimé.

Toutes les fois qu'il surviendra quelque mutation, soit dans le titre du journal ou dans les conditions de sa périodicité, soit parmi les propriétaires ou les gérans responsables, il en sera fait déclaration devant l'autorité compétente dans les quinze jours qui suivront la mutation, à la diligence des gérans responsables. En cas de négligence, ils seront punis d'une amende de cinq cents francs.

Il en sera de même, si le journal ou écrit périodique venait à être imprimé dans une autre imprimerie que celle qui a été originairement déclarée.

Dans le cas où l'entreprise aurait été formée par une seule personne, le propriétaire, s'il réunit les qualités requises par le paragraphe 2 de l'article 5, sera en même temps le gérant responsable du journal.

Dans le cas contraire, il sera tenu de présenter un gérant responsable, conformément à l'article 5.

Les journaux exceptés du cautionnement seront tenus de faire la déclaration préalable prescrite par les n°ˢ 1, 2 et 5 du premier paragraphe du présent article.

7. Ces déclarations seront accompagnées du

dépôt des pièces justificatives : elles seront signées par chacun des propriétaires du journal ou écrit périodique, ou par le fondé de pouvoir de chacun d'eux. Elles seront reçues à Paris à la direction de la librairie, et dans les départemens au secrétariat général de la préfecture.

8. Chaque numéro de l'écrit périodique sera signé en minute par le propriétaire, s'il est unique; par l'un des gérans responsables, si l'écrit périodique est publié par une société en nom collectif ou en commandite; et par l'un des administrateurs, s'il est publié par une societé anonyme.

L'exemplaire signé pour minute sera, au moment de la publication, déposé au parquet du procureur du Roi du lieu de l'impression, ou à la mairie dans les villes où il n'y a pas de tribunal de première instance, à peine de cinq cents francs d'amende contre les gérans. Il sera donné récépissé du dépôt.

La signature sera imprimée au bas de tous les exemplaires, à peine de cinq cents francs d'amende contre l'imprimeur, sans que la révocation du brevet puisse s'en suivre.

Les signataires de chaque feuille ou livraison seront responsables de son contenu, et passibles de toutes les peines portées par la loi à raison de la publication des articles ou passages incriminés, sans préjudice de la poursuite contre l'auteur ou les auteurs desdits articles ou passages, comme complices. En conséquence, les poursuites judiciaires pourront être dirigées, tant contre les signataires des feuilles ou livraisons, que contre l'auteur ou les auteurs des passages incriminés, si ces auteurs peuvent être connus ou mis en cause.

9. Il est accordé aux propriétaires actuels des journaux existans, sans qu'on puisse leur opposer les dispositions de l'article Ier, un délai de six mois, à dater de la promulgation de la présente loi, pour présenter un, deux, ou trois gérans responsables, réunissant les conditions requises par les articles précédens, et faire la déclaration prescrite par l'article 6.

Si ces gérans responsables ne possèdent pas en propre le quart du cautionnement, ils seront admis à justifier que, outre leur part dans l'entreprise, ils sont vrais et légitimes propriétaires d'immeubles payant au moins cinq cents francs de contributions directes, si le journal est publié dans les départemens de la Seine, de Seine-et-Oise et de Seine-et-Marne, et cent cinquante francs dans les autres départemens. Ces immeubles devront être libres de toute hypothèque.

En ce cas, il sera fait mention expresse de cette circonstance dans la déclaration.

10. En cas de contestation sur la régularité ou la sincérité de la déclaration prescrite par l'art. 6 et des pièces à l'appui, il sera statué par les tribunaux, à la diligence du préfet, sur mémoire, sommairement et sans frais, la partie ou son défenseur et le ministère public entendus.

Si le journal n'a point encore paru, il sera sursis à la publication jusqu'au jugement à intervenir, lequel sera exécutoire nonobstant appel.

11. Si la déclaration prescrite par l'article 6 est reconnue fausse et frauduleuse en quelqu'une de ses parties, le journal cessera de paraître. Les auteurs de la déclaration seront punis d'une amende dont le *minimum* sera d'une somme égale au dixième, et le *maximum* d'une somme égale à la moitié du cautionnement.

12. Dans le cas où un journal ou écrit périodique est établi et publié par un seul propriétaire, si ce propriétaire vient à mourir, sa veuve ou ses héritiers auront un délai de trois mois pour présenter un gérant responsable ; ce gérant devra être propriétaire d'immeubles libres de toute hypothèque et payant au moins cinq cents francs de contributions directes, si le journal est publié dans les départemens de la Seine, de Seine-et-Oise, et de Seine-et-Marne, et cent cinquante francs dans les autres départemens.

Le gérant, que la veuve ou les héritiers seront admis à présenter, devra réunir les conditions requises par l'art. 980 du Code civil.

Dans les dix jours du décès, la veuve ou les héritiers seront tenus de présenter un rédacteur, qui sera responsable du journal jusqu'à ce que le gérant soit accepté.

Le cautionnement du propriétaire décédé demeurera affecté à la gestion.

13. Les condamnations pécuniaires prononcées, soit contre les signataires responsables, soit contre l'auteur ou les auteurs des passages incriminés, seront prélevées, 1° sur la portion du cautionnement appartenant en propre aux signataires responsables ; 2° sur le reste du cautionnement dans le cas où celle-ci serait insuffisante, sans préjudice pour le surplus, des règles établies par les art. 3 et 4 de la loi du 9 juin 1819.

14. Les amendes, autres que celles portées par la présente loi, qui auront été encourues pour délit de publication par la voie d'un journal ou écrit périodique, ne seront jamais moindre du double du *minimum* fixé par les lois relatives à la répression des délits de la presse.

15. En cas de récidive par le même gérant, et dans les cas prévus par l'article 68 du Code pénal, indépendamment des dispositions de l'article 10 de la loi du 9 juin 1819, les tribunaux pourront, suivant la gravité du délit, prononcer la suspension du journal ou écrit périodique pour un temps qui ne pourra excéder deux mois, ni être moindre de dix jours. Pendant ce temps, le cautionnement continuera de demeurer en dépôt à la caisse des consignations, et il ne pourra recevoir une autre destination.

16. Dans les procès qui ont pour objet la diffamation, si les tribunaux ordonnent, aux termes de l'article 64 de la Charte, que les débats auront lieu à huis-clos, les journaux ne pourront, à peine

de deux mille francs d'amende, publier les faits de diffamation, ni donner l'extrait des mémoires ou écrits quelconques qui les contiendraient.

Dans toutes les affaires civiles ou criminelles où un huis-clos aura été ordonné, ils ne pourront, sous la même peine, publier que le prononcé du jugement.

17. Lorsqu'aux termes du dernier paragraphe de l'article 23 de la loi du 17 mai 1819, les tribunaux auront, pour les faits diffamatoires étrangers à la cause, réservé, soit l'action publique, soit l'action civile des parties, les journaux ne pourront, sous la même peine, publier ces faits, ni donner l'extrait des mémoires qui les contiendraient.

18. La loi du 17 mars 1822, relative à la police des journaux et écrits périodiques, est abrogée.

La présente loi, discutée, délibérée, et adoptée par la chambre des Pairs et par celle des Députés, et sanctionnée par nous cejourd'hui, sera exécutée comme loi de l'Etat; voulons, en conséquence, qu'elle soit gardée et observée dans tout notre royaume, terres et pays de notre obéissance.

Si donnons en mandement à nos Cours et Tribunaux, Préfets, Corps administratifs, et tous autres, que les présentes ils gardent et maintiennent fassent garder, observer et maintenir, et, pour les rendre plus notoires à tous nos sujets, ils les fassent publier et enregistrer partout où besoin sera : car tel est notre plaisir; et afin que ce soit chose ferme et stable à toujours, nous y avons fait mettre notre scel.

Donné en notre château de Saint-Cloud, le dix-huitième jour du mois de juillet de l'an de grâce 1819, et de notre règne le quatrième.

Signé CHARLES.

Vu et scellé du grand sceau :

Le garde des sceaux de France, Ministre Secrétaire d'Etat au département de la justice,
Signé Cte PORTALIS.

Par le Roi :

Le Garde des Sceaux, Ministre Secrétaire d'Etat au département de la justice,
Signé Cte PORTALIS.

ORDONNANCE DU ROI

Concernant l'exécution de la Loi du 18 juillet 1828, sur les Journaux et Ecrits périodiques.

Au Château de Saint-Cloud, le 29 juillet 1828.

CHARLES, par la grâce de Dieu, ROI DE FRANCE ET DE NAVARRE, à tous ceux qui ces présentes verront, SALUT.

Vu la loi du 18 juillet 1828, sur les journaux et écrits périodiques ;

Sur le rapport de notre garde des sceaux, ministre secrétaire d'Etat au département de la justice,

Notre conseil entendu,

NOUS AVONS ORDONNÉ ET ORDONNONS ce qui suit :

ART. 1. Avant toute publication d'un journal ou

écrit périodique, soumis au cautionnement par les dispositions de la loi du 18 juillet 1828, il sera justifié au procureur du Roi du lieu de l'impression du versement du cautionnement auquel ce journal ou écrit périodique est soumis, et de la déclaration prescrite par l'article 6 de ladite loi. Le procureur du Roi donnera acte sur-le-champ de cette justification et en tiendra registre.

2. Les propriétaires de journaux et écrits périodiques existans qui étaient exempts de fournir un cautionnement en vertu des dispositions de la loi du 9 juin 1819, et qui ne se trouvent point compris dans les exceptions spécifiées en l'art. 3 de la loi du 18 juillet 1828, seront tenus, dans le délai de quinze jours, à compter de la promulgation de la présente ordonnance, de déposer, à Paris, à la direction de la librairie, et dans les départemens, au secrétariat général de la préfecture, un certificat constatant qu'ils ont fourni le cautionnement exigé par l'art. 2 de la même loi.

Ce certificat sera délivré, à Paris, par l'agent judiciaire du Trésor, et dans les départemens, par le directeur de l'enregistrement, conformément aux dispositions de l'ordonnance du 9 juin 1819.

Il en sera justifié au procureur du Roi du lieu de l'impression, ainsi qu'il est dit en l'art. 1.

3. Les propriétaires des journaux et écrits périodiques existans qui sont exceptés du cautionnement par l'article 3 de ladite loi, feront dans le même délai les déclarations prescrites par les n°s 1, 2 et 5 de l'article 6.

(26)

4. A l'expiration du délai ci-dessus fixé, ceux des journaux ou écrits périodiques actuellement existans sans cautionnement, qui n'auraient pas fait les justifications et déclarations prescrites, cesseront de paraître.

5. Notre garde-des-sceaux, ministre secrétaire d'Etat au département de la justice, et nos ministres secrétaires d'Etat aux départemens de l'intérieur et des finances, sont chargés, chacun en ce qui les concerne, de l'exécution de la présente ordonnance.

Donné en notre château de Saint-Cloud, le 29 juillet de l'an de grâce 1828, et de notre règne le quatrième.

Signé CHARLES.

Par le Roi :

Le Pair de France, garde des sceaux, ministre secrétaire d'Etat au département de la justice.

Signé, Cte PORTALIS.

PARIS, le 2 mars 1830.

Aujourd'hui mardi 2 mars 1830, le Roi a fait l'ouverture de la session des Chambres, au Louvre.

Sa Majesté est partie à une heure du château des Tuileries.

Une salve d'artillerie de vingt-un coups de canon a annoncé le départ du Roi.

Une députation de leurs Seigneuries les Pairs de

France, au nombre de douze, ayant M. le chancelier à leur tête, et une députation de vingt-cinq de MM. les Députés des départemens, ayant à leur tête M. le président d'âge, sont allés recevoir Sa Majesté dans la salle attenante au salon de mosaique.

Le Roi est entré dans la salle de la séance et s'est placé sur son trône ; de vives acclamations ont accueilli Sa Majesté.

A droite du Roi était M. le Dauphin ; à sa gauche, Mgr le duc d'Orléans ; à droite de Sa Majesté, ensuite de M. le Dauphin, Mgr le duc de Chartres ; à gauche de Sa Majesté, ensuite de Mgr le duc d'Orléans, Mgr le duc de Nemours.

En avant et à gauche du Roi, était M. le Chancelier de France.

M. le prince de Talleyrand se tenait au pied du trône, comme grand-chambellan de France.

Le grand-maître, le maître et les aides des cérémonies occupaient leurs places accoutumées.

A droite et à gauche des degrés de l'estrade du trône, étaient MM. les ministres secrétaires d'état, MM. les ministres d'état, MM. les maréchaux de France, MM. les chevaliers des Ordres du Roi, MM. les grands - croix de l'Ordre royal et militaire de Saint-Louis et de l'Ordre royal de la Légion d'honneur, MM. les commandeurs de Saint-Louis et grands-officiers de la légion, désignés par Sa Majesté pour avoir séance près de sa personne ; six de MM. les conseillers d'état,

six de MM. les maîtres des requêtes et deux de
MM. les auditeurs au conseil d'état.

Leurs Seigneuries les Pairs de France étaient
placés sur les banquettes en face et à droite du
Roi.

MM. les Députés des départemens étaient placés
sur les banquettes en face et à gauche de S. M.

Mme la Dauphine, MADAME, duchesse de Berry,
Mgr le duc de Bordeaux, MADEMOISELLE, Mme la
duchesse d'Orléans et Mlle d'Orléans, assistaient à
la cérémonie dans une tribune.

L'assemblée était debout et découverte. Le Roi
a dit : « Messieurs les Pairs, asseyez-vous. » M. le
chancelier de France a fait connaître à MM. les
Députés que S. M. leur permettait de s'asseoir.

La séance prise, le Roi a prononcé le discours
suivant :

« Messieurs,

« C'est toujours avec confiance que je réunis
« autour de mon trône les Pairs du royaume et les
« Députés des départemens.

« Depuis votre dernière session, d'importans
« événemens ont consolidé la paix de l'Europe
« et l'accord établi entre mes alliés et moi pour
« le bonheur des peuples.

« La guerre est éteinte en Orient ; la modéra-
« tion du vainqueur et l'intervention amicale des
« puissances, en préservant l'Empire ottoman
« des malheurs qui le menaçaient, ont maintenu

« l'équilibre et affermi les anciennes relations des
« États.

« Sous la protection des puissances signataires
« du traité du 6 juillet, la Grèce indépendante
« renaîtra de ses ruines; le choix du prince ap-
« pelé à régner sur elle fait assez connaître les
« vues désintéressées et pacifiques des Souve-
« rains.

« Je poursuis en ce moment, de concert avec
« mes alliés, des négociations dont le but est d'a-
« mener entre les princes de la maison de Bra-
« gance une réconciliation nécessaire au repos de
« la Péninsule.

« Au milieu des graves événemens dont l'Eu-
» rope était occupée, j'ai dû suspendre l'effet de
« mon juste ressentiment contre une puissance
« barbaresque; mais je ne puis laisser plus long-
« temps impunie l'insulte faite à mon pavillon : la
« réparation éclatante que je veux obtenir, en
« satisfaisant à l'honneur de la France, tournera,
« avec l'aide du Tout-Puissant, au profit de la
« chrétienté.

« Les comptes des recettes et des dépenses se-
« ront mis sous vos yeux en même temps que
« l'état des besoins et des ressources pour l'exer-
« cice de 1831. J'ai la satisfaction de voir que
« malgré la diminution qu'ont éprouvée les re-
« venus de 1829 comparativement à ceux de
« l'exercice précédent, ils ont surpassé les éva-
« luations du budget.

« Une opération récente a suffisamment indi-
« qué l'intérêt auquel des emprunts sont devenus
« négociables ; elle a démontré la possibilité d'al-
« léger les charges de l'Etat. Une loi relative à
« l'amortissement vous sera présentée ; elle se
« liera à un plan de remboursement ou d'é-
« change qui, nous l'espérons, conciliera ce que
« les contribuables attendent de notre sollicitude
« avec la justice et la bienveillance dues à ceux
« de nos sujets qui ont placé leurs capitaux dans
« les fonds publics : les mesures sur lesquelles
« vous aurez à délibérer, ont pour but de satis-
« faire à tous ces intérêts ; elles pourront don-
« ner les moyens de subvenir sans de nouveaux
« sacrifices, et en peu d'années, aux dépenses
« qu'exigent impérieusement pour la défense du
« royaume, pour la prospérité de l'agriculture et
« du commerce, les travaux des places fortes, les
« ouvrages à terminer dans les ports ; les répara-
« tions des routes et l'achèvement des canaux.

» Vous aurez aussi à vous occuper de plusieurs
» lois relatives à l'ordre judiciaire, de divers pro-
» jets d'administration publique, et de quelques
» mesures destinées à améliorer le sort des mili-
» taires en retraite.

» J'ai gémi des souffrances qu'un hiver long et
» rigoureux a fait peser sur mon peuple ; mais la
» bienfaisance a multiplié les secours, et c'est avec
» une vive satisfaction que j'ai vu les soins géné-
» reux prodigués à l'indigence sur tous les points

» de mon royaume, et particulièrement dans ma
» bonne ville de Paris.

» Messieurs, le premier besoin de mon cœur
» est de voir la France, heureuse et respectée,
» développer toutes les richesses de son sol et de
» son industrie, et jouir en paix des institutions
» dont j'ai la ferme volonté de consolider le bien-
» fait. La Charte a placé les libertés publiques
» sous la sauve-garde des droits de ma couronne :
» ces droits sont sacrés; mon devoir envers mon
» peuple est de les transmettre intacts à mes suc-
» cesseurs.

« Pairs de France, Députés des départemens,
« je ne doute pas de votre concours pour opérer
« le bien que je veux faire; vous repousserez les
« perfides insinuations que la malveillance cher-
« che à propager. Si de coupables manœuvres
« suscitaient à mon Gouvernement des obstacles
« que je ne veux pas prévoir, je trouverais la
« force de les surmonter dans ma résolution de
« maintenir la paix publique, dans la juste con-
« fiance des Français et l'amour qu'ils ont tou-
« jours montré pour leurs Rois. »

Ces paroles ont fait éclater dans l'assemblée,
le plus vif enthousiasme; des cris réitérés de *vive
le Roi!* ont retenti de toutes parts.

Paris, le 9 mars 1830.

Aujourd'hui mardi 9 mars, à huit heures du soir, le Roi a reçu, dans la salle du Trône, la grande députation de la Chambre des Pairs, chargée de présenter à S. M. l'adresse votée par la Chambre.

A cette députation, s'était joint un grand nombre de MM. les Pairs.

Elle a été conduite à l'audience du Roi par le marquis de Dreux-Brézé, grand-maître; le marquis de Rochemore, maître; les vicomtes de Romanet et de Baulny, aides des cérémonies de France, et présentée par le Grand-maître.

M. le Chancelier, comme président de la Chambre des Pairs, a lu à S. M. l'adresse, conçue en ces termes:

» SIRE,

» Vos fidèles sujets les Pairs de France ont entendu avec respect et reconnaissance les paroles émanées du Trône.

» Ils se félicitent de l'accord qui est établi entre V. M. et ses alliés, et qui consolide la paix de l'Europe.

» La guerre est heureusement terminée dans l'Orient. La modération du vainqueur a répondu au vœu des puissances, de préserver l'Empire ottoman, et de conserver les anciennes relations des Etats.

(33)

» La Grèce renaîtra donc de ses ruines, grâce à la main secourable que vous lui avez tendue ; elle sera indépendante sous la protection des Puissances signataires du traité du 6 juillet.

» Le sceptre du prince appelé à la régir, écartera les dissensions qui pourraient la déchirer ; il affermira ses pas dans la nouvelle vie qu'elle reçoit, en lui inspirant cette unité de mouvement qui appartient essentiellement à la monarchie.

» Le succès des négociations que Votre Majesté poursuit, de concert avec ses alliés, pour ramener une réconciliation entre les princes de la Maison de Bragance, assurerait le repos de la Péninsule, ferait cesser des divisions fatales au commerce des deux mondes ; et, ce qui n'est pas moins désirable, raffermirait les principes de la légitime succession aux couronnes.

» Dispensateur éclairé des trésors de la France, et avare du sang de ses enfans, Votre Majesté a différé de poursuivre la réparation de l'insulte faite à son pavillon par une puissance barbaresque. Vous jugez qu'elle ne doit pas rester plus long-temps impunie, et dans vos nobles pensées, vous méditez de rendre la satisfaction que vous obtiendrez, profitable à la fois aux intérêts de la France et à ceux de toute la chrétienté. Les nations qui la composent applaudiront à ce généreux dessein, et nous attendrons avec confiance les communications que Votre Majesté pourra juger à propos de faire sur ce sujet important.

» La diminution des revenus de 1829, quoiqu'ils aient surpassé les évaluations du budget, fait désirer des économies et de nouvelles ressources; elles pourront résulter en grande partie de la loi relative à l'amortissement et du plan de remboursement ou d'échange que Votre Majesté nous annonce. Le moment est en effet venu d'alléger les charges publiques en conciliant le triple intérêt des contribuables, des capitalistes, et de l'Etat, sans s'écarter jamais du respect pour les droits de chacun, et des principes de justice qui ont fondé le crédit et l'ont élevé si haut depuis quelques années. Votre Majesté créera par ces mesures habilement combinées, les moyens de subvenir sans de nouveaux sacrifices et en peu de de temps, aux dépenses qu'exigent impérieusement pour la défense du royaume, pour la prospérité de l'agriculture et du commerce, les travaux des places fortes, les ouvrages à terminer dans les ports, les réparations des routes et l'achèvement des canaux. Nous donnerons à tous ces objets, la sérieuse attention que nous commande le devoir de seconder les vues de Votre Majesté et de concourir avec elle à de si grandes et de si utiles opérations.

» Nous apporterons les mêmes soins à l'examen des lois que Votre Majesté se propose de faire présenter, relatives à l'ordre judiciaire, à l'administration publique et à l'amélioration du sort des militaires en retraite. Les mesures que Votre Majesté prépare pour adoucir la vieillesse du soldat qui a consumé sa vie à la défense du Roi et de l'Etat, exciteront la reconnaissance de l'armée et de tous les citoyens.

» Lorsque Votre Majesté exprime la vive satisfaction que lui ont fait éprouver les soins généreux prodigués à l'indigence sur tous les points de son royaume, et particulièrement dans sa bonne ville de Paris, pendant un hiver long et rigoureux; nous aimons à lui rappeler, ce que les malheureux n'oublieront jamais, qu'elle et son auguste famille ont donné les premiers et les plus grands exemples de cette bienfaisance qui a soulagé tant de maux.

» Le premier besoin du cœur de Votre Majesté est de voir la France heureuse et respectée, jouir en paix de ses institutions. Elle en jouira, Sire; que pourraient, en effet, des insinuations malveillantes contre la déclaration si expresse de votre volonté de maintenir et de consolider ces institutions? La monarchie en est le fondement, les droits de votre couronne y resteront inébranlables; ils ne sont pas moins chers à votre peuple que ses libertés. Placées sous votre sauvegarde, elles fortifient les liens qui attachent les Français à votre trône, à votre dynastie, et les leur rendent nécessaires. La France ne veut pas plus de l'anarchie que son Roi ne veut du despotisme.

» Si des manœuvres coupables - suscitaient à votre Gouvernement des obstacles, ils seraient bientôt surmontés, non pas seulement par les Pairs, défenseurs héréditaires du Trône et de la

Charte, mais aussi par le concours simultané des deux Chambres, et par celui de l'immense majorité des Français ; car il est dans le vœu et l'intérêt de tous, que les droits sacrés de la Couronne demeurent inviolables et soient transmis, inséparablement des libertés nationales, aux successeurs de Votre Majesté et à nos derniers neveux, héritiers de notre confiance et de notre amour. »

Le Roi a répondu :

« Monsieur,

» Les sentimens que vous m'exprimez au nom » des Pairs de France, me sont d'autant plus » agréables, qu'ils me prouvent que la Chambre » a parfaitement compris et senti tout l'ensemble » de mon discours.

» Je compte sur vous, Messieurs, comme vous » devez compter sur mon inébranlable fermeté, » et j'aime à ne pas douter, comme vous m'en » donnez l'espérance, que les deux Chambres » s'uniront à moi pour assurer et consolider le » bonheur de mes peuples. »

Paris, le 18 mars 1830.

Aujourd'hui, jeudi 18 mars, à onze heures et demie, après la messe, le Roi a reçu dans la salle du Trône, la grande députation de la Chambre des députés des départemens, chargée de présenter à Sa Majesté l'adresse votée par la Chambre.

A cette députation s'étaient joints plusieurs de MM. les Députés.

Elle a été conduite à l'audience du Roi par le marquis de Dreux-Brézé, grand-maître, et les vicomtes de Romanet et de Baulny, aides des cérémonies de France, et le comte de la Rochebousseau, aide des cérémonies honoraires.

La députation a été présentée à Sa Majesté par le grand-maître.

M. Royer-Collard, Président de la Chambre a lu à sa Majesté l'adresse conçue en ces termes :

« SIRE,

« C'est avec une vive reconnaissance que vos fidèles sujets les Députés des Départemens, réunis autour de votre trône, ont entendu de votre bouche auguste le témoignage flatteur de la confiance que vous leur accordez. Heureux de vous inspirer ce sentiment, Sire, ils le justifient par l'inviolable fidélité dont ils viennent vous renouveler le respectueux hommage ; ils sauront le justifier encore par le loyal accomplissement de leurs devoirs.

« Nous nous félicitons avec vous, Sire, des évènemens qui ont consolidé la paix de l'Europe, affermi l'accord établi entre vous et vos alliés, et fait cesser en Orient le fléau de la guerre.

« Puisse le peuple infortuné que vos généreux

secours ont arraché à une destruction qui paraissait inévitable, trouver dans l'avenir que la protection de Votre Majesté lui prépare, son indépendance, sa force et sa liberté.

« Nous faisons des vœux, Sire, pour le succès des soins que vous consacrez, de concert avec vos alliés, à la réconciliation des princes de la maison de Bragance. C'est un digne objet de la sollicitude de Votre Majesté, que de mettre un terme aux maux qui affligent le Portugal, sans porter atteinte au principe sacré de la légitimité, inviolable pour les Rois, non moins que pour les peuples.

« Votre Majesté avait suspendu les effets de son ressentiment contre une puissance barbaresque ; mais elle ne juge pas pouvoir différer plus longtemps de poursuivre la réparation éclatante d'une insulte faite à son pavillon. Nous attendrons avec respect les communications que Votre Majesté croira sans doute nécessaire de nous adresser sur un sujet qui touche à de si grands intérêts. Sire, toutes les fois qu'il s'agira de défendre la dignité de votre couronne, et de protéger le commerce français, vous pouvez compter sur l'appui de votre peuple autant que sur son courage.

« La Chambre s'associera avec reconnaissance aux mesures que vous lui proposerez pour fixer, en l'améliorant, le sort des militaires en retraite. Les lois qui lui seront présentées sur l'ordre judiciaire et sur l'administration auront droit aussi à son examen attentif.

« La réduction que Votre Majesté nous annonce dans le revenu public est un symptôme dont la gravité nous afflige : nous mettrons tous nos soins à rechercher les causes du malaise qu'il indique.

« Votre Majesté a ordonné de nous présenter une loi relative à l'amortissement et à la dette publique. L'importance des questions que renferment ces projets et l'obligation de tenir une balance exacte entre les divers intérêts qui s'y rapportent, exciteront au plus haut degré notre sollicitude ; une organisation équitable et habilement combinée du crédit public sera, pour la France, un puissant moyen de prospérité, et pour Votre Majesté, un nouveau titre à la gratitude de ses peuples.

« Mais il est une condition nécessaire à l'accomplissement de ce bienfait, et sans laquelle il demeurerait stérile ; c'est la sécurité de l'avenir, fondement le plus solide du crédit et premier besoin de l'industrie.

« Accourus à votre voix de tous les points de votre royaume, nous vous apportons de toutes parts, Sire, l'hommage d'un peuple fidèle, encore ému de vous avoir vu le plus bienfaisant de tous au milieu de la bienfaisance universelle, et qui révère en vous le modèle accompli des plus touchantes vertus. Sire, ce peuple chérit et respecte votre autorité ; quinze ans de paix et de liberté qu'il doit à votre auguste frère et à vous, ont profondément enraciné dans son cœur la reconnaissance qui l'attache à votre royale famille ;

sa raison, mûrie par l'expérience et par la liberté des discussions, lui dit que c'est surtout en matière d'autorité que l'antiquité de la possession est le plus saint de tous les titres, et que c'est pour son bonheur autant que pour votre gloire que les siècles ont placé votre trône dans une région inaccessible aux orages. Sa conviction s'accorde donc avec son devoir pour lui présenter les droits sacrés de votre Couronne comme la plus sûre garantie de ses libertés, et l'intégrité de vos prérogatives comme nécessaire à la conservation de ces droits.

«' Cependant, Sire, au milieu des sentimens unanimes de respect et d'affection dont votre peuple vous entoure, il se manifeste dans les esprits une vive inquiétude qui trouble la sécurité dont la France avait commencé à jouir, altère les sources de sa prospérité, et pourrait, si elle se prolongeait devenir funeste à son repos. Notre conscience, notre honneur, la fidélité que nous avons jurée, et que nous vous garderons toujours, nous imposent le devoir de vous en dévoiler la cause.

« Sire, la Charte que nous devons à la sagesse de votre auguste prédécesseur, et dont Votre Majesté a la ferme volonté de consolider le bienfait, consacre comme un droit, l'intervention du pays dans la délibération des intérêts publics. Cette intervention devait être, elle est en effet indirecte, sagement mesurée, circonscrite dans des limites exactement tracées, et que nous ne souf-

frirons jamais que l'on ose tenter de franchir ;
mais elle est·positive dans son résultat ; car elle
fait du concours permanent des vues politiques de
votre Gouvernement avec les vœux de votre peuple, la condition indispensable de la marche ré-
gulière des affaires publiques. Sire, notre loyauté,
notre dévouement nous condamnent à vous dire
que ce concours n'existe pas.

« Une défiance injuste des sentimens et de la
raison de la France est aujourd'hui la pensée fon-
damentale de l'Administration. Votre peuple s'en
afflige, parce qu'elle est injurieuse pour lui ; il
s'en inquiète, par ce qu'elle est menaçante pour
ses libertés !

« Cette défiance ne saurait approcher de votre
noble cœur. Non, Sire, *la France ne veut pas plus
de l'anarchie que vous ne voulez du despotisme*,
elle est digne que vous ayez foi dans sa loyauté,
comme elle a foi dans vos promesses.

« Entre ceux qui méconnaissent une nation si
calme, si fidèle, et nous qui, avec une conviction
profonde, venons déposer dans votre sein les dou-
leurs de tout un peuple jaloux de l'estime et de
la confiance de son Roi, que la haute sagesse de
Votre Majesté prononce ! Ses royales prérogàtives
ont placé dans ses mains les moyens d'assurer,
entre les pouvoirs de l'Etat, cette harmonie constitutionnelle, première et nécessaire condition
de la force du Trône et de la grandeur de la
France. »

Le Roi a répondu :

« Monsieur, j'ai entendu l'adresse que vous me
« présentez au nom de la Chambre des Députés.

« J'avais droit de compter sur le concours des
« deux Chambres pour accomplir tout le bien
« que je méditais ; mon cœur s'afflige de voir les
« Députés des départemens déclarer que, de leur
« part, ce concours n'existe pas.

« Messieurs, j'ai annoncé mes résolutions dans
« mon discours d'ouverture de la session. Ces
« résolutions sont immuables ; l'intérêt de mon
« peuple me défend de m'en écarter.

« Mes ministres vous feront connaître mes in-
« tentions. »

DISCOURS

DE M. LE VICOMTE DE CHATEAUBRIAND,

PAIR DE FRANCE,

Dans la Séance du 8 Mars 1830.

« Messieurs,

« Je ne viens proposer aucun changement au projet d'adresse : ce projet me semble grave, plein de mesure, de convenance, de dignité ; y changer une phrase serait, selon moi, le gâter dans son esprit et dans son ensemble. Il est fort surtout par les choses qu'il ne dit pas, et ce sont ces choses que je me décide à dire. J'expliquerai à la fin de ce discours la nature de mon vote, ou plutôt la raison pour laquelle je m'abstiendrai de voter.

« Je saisirai en même temps l'occasion qui m'est offerte de développer quelques principes, qui ont dernièrement servi de règle à ma conduite. C'est, je l'avoue, à mon corps défendant, et après de longues hésitations, que je me suis résolu à monter à cette tribune. Jamais je n'ai tant désiré la paix, jamais je n'ai été moins disposé à me jeter au milieu des orages ; il a fallu six mois entiers de provocations, il a fallu m'entendre traiter d'apostat et de renégat, par ordre ou par permission, pour qu'enfin je me crusse obligé de m'expliquer. Au reste, je pardonne de grand cœur à ceux qui m'ont prodigué les outrages.

« Je désire quatre choses pour mon pays, Messieurs, la religion sur les autels de saint Louis, la légitimité sur le trône d'Henri IV, la liberté et l'honneur pour tous les Français.

« Je n'ai point douté que les ministres du jour n'eussent l'intention de maintenir ces quatre choses ; mais j'ai pensé dès le premier instant que, par la nature même de la composition du Conseil, ils inquièteraient les intérêts publics ; j'ai pensé qu'en voulant trouver la France ancienne dans la France nouvelle , ils pourraient mettre la réalité en péril pour saisir ou pour combattre des chimères.

« Voyez, Messieurs, comme ils sont déjà entraînés, malgré eux, sur la pente où ils se sont placés ? Avec quelle douleur ne se sont-ils pas crus sans doute obligés de porter un de ces coups dont le moindre inconvénient est de ne faire peur à personne ?

« Un pair de France, un brave officier, un fidèle serviteur du Trône, le gendre du chancelier d'Ambray, a été frappé sur la tombe à peine refermée du vénérable président dont nous déplorons la perte, et cela pour avoir voté selon sa conscience, en obéissant aux sermens mêmes que l'on exige de nous, quand nous parvenons à la pairie, ou quand nous nous présentons aux élections. Chaque gouvernement a son allure : un gouvernement légitime, paternel, constitutionel n'est point un gouvernement de colère et de violence. Quand il emprunte le caractère des gouvernemens despotiques et illégitimes, il sort de ses voies, et il perd, en voulant être fort, sa véritable force.

« Enfin, Messieurs, les ministres ont fait le discours de la Couronne. Cet acte renferme tout leur système ; je vais l'examiner rapidement : de cet examen naîtra pour moi l'impossibilité de donner mon adhésion au projet d'adresse qui, tout significatif qu'il est, me semble néanmoins rester au-dessous de la nécessité du moment.

« Le discours du Trône commence par un exposé succinct de la situation des affaires étrangères. On apprend d'abord que la Grèce va recevoir un maître. Le discours ne le nomme pas : il est assez connu.

« Le Protocole de Londres spécifiait que le souverain de la Grèce ne serait pris dans aucune des familles des trois puissances signataires. On n'a pas regardé l'alliance intime du prince Léopold de Cobourg avec la maison de Brunswick comme une parenté. Ce prince jouit par acte du Parlement des honneurs de la famille royale dans laquelle il est entré ; il jouit en outre d'une rente payée par le peuple anglais : tout cela ne signifie rien, tout est correct, on a pris le Protocole à la lettre, soit ; mais il n'en est pas moins vrai que nous avons fait marcher nos soldats , voguer nos vaisseaux , couler nos trésors pour donner le trône de la Grèce au gendre du Roi d'Angleterre.

« Et pourtant qu'a fait la Grande-Bretagne pour régner au nom de son mandataire sur les Hellènes? Elle s'est opposée tant qu'elle l'a pu à leur liberté : tandis qu'elle reconnaissait l'indépendance des colonies espagnoles, elle arrêtait dans les eaux de la Tamise quelques malheureux bateaux achetés au prix de la vente de la dernière dépouille des Grecs, payés par les souscriptions où le chrétien venait verser l'obole de la charité, et le soldat le denier de la gloire. Elle faisait des vœux publics pour le succès des oppresseurs contre les opprimés, pour la victoire de ceux qui avaient égorgé les pères et vendu les enfans. Et la liberté de la Grèce a été mise sous la protection du canon de Corfou qui a si bien défendu cette liberté à Parga! Que la guerre se rallume en Orient et nous verrons peut-être les garnisons de Gibraltar, de Malte, des îles Ioniennes occuper les places que nos soldats vont évacuer. Quelle résistance le Schérif couronné de la Morée pourrait-il faire aux payeurs de sa pension, au monarque dont il épousa la fille? Les Grecs deviendront les matelots des flottes britanniques, le commerce de l'Archipel et de la Morée tombera entre les mains des négocians de Londres. Et nous qui avions reporté dans l'Orient les lys et les souvenirs de nos anciens rois, nous nous contenterons d'avoir été d'illustres voyageurs à des rivages célèbres, d'avoir fait présent à un prince anglais d'un sceptre consacré par quelques gouttes de notre sang et forgé avec notre or : le roman est chevaleresque, mais les ministres sont chargés de faire de l'histoire.

» N'y avait-il point en Europe, Messieurs, quelque prince expérimenté, ami des Grecs, qui aurait pu se dévouer à leur sanglante couronne ? Au défaut de ce prince, n'aurait-on pu trouver quelque enfant royal qui, sous une tutelle habile, aurait appris la langue de Thémistocle, et puisé sa légitimité dans les flancs mêmes de la Grèce ?

» Faudrait-il conclure de ce que je viens de dire que l'on doit revenir sur le traité ? Non, Messieurs : un gouvernement loyal est tenu à exécuter ce qu'il a signé, lors même qu'il s'aperçoit qu'il eût pu mieux faire. Que le prince Léopold reste donc souverain de la Grèce ; qu'on lui dise ce que Cicéron disait à son frère : « Souvenez-vous, Quintius, que » vous commandez à des Grecs qui ont civilisé tous » les peuples, en leur enseignant la douceur et » l'humanité, et à qui Rome doit les lumières » qu'elle possède. »

» Au surplus, il n'y a aucun reproche à faire à l'Angleterre dans toute cette négociation ; elle a très-bien joué sa partie : sans dépenser un schelling, sans faire marcher un soldat, elle a donné un monarque à la Grèce. Sa politique a été moins naïve, mais plus positive que la nôtre : à nous les dépenses, à elle les profits ; *suum cuique.*

» Je passe, Messieurs, au paragraphe sur le Portugal. L'Adresse exprime heureusement un vœu pour la légitimité. D. Miguel est roi en vertu de l'élection populaire. Témoins de la révolution qui brisa le trône de Louis XVI, nous ne devons pas capituler facilement sur la souveraineté du peuple. Les gouvernemens, je le sais, ne sont point appelés à faire de la politique sentimentale. Dans les affaires extérieures surtout, un cabinet n'agissant pas seul, n'est obligé qu'à prendre la meilleure position, eu égard au mouvement des autres cabinets ; mais dans le cas actuel, la France a le bonheur de voir ses intérêts d'accord avec ses principes ; le droit coïncide avec le fait. L'Angleterre pense qu'elle doit s'unir au Portugal, à cause des intérêts de son commerce. Nous, nous devons reconnaître que l'alliance du Brésil est utile au nôtre. Nos importations ne s'élèvent guères au dessus de 2 millions, particulièrement en savonnerie, et encore par le cabotage anglais, dans les Etats de D. Miguel ; elles sont de plus de 30 millions dans l'Empire soumis à D. Pédro. Au surplus, pourquoi D. Miguel, illégitime souverain, est-il un prince légitime aux yeux de ceux qui se disent les seuls défenseurs du trône et de l'autel? C'est que D. Miguel a détruit la Constitution de son pays. Sa légitimité est sa haine de la liberté. Qu'il s'avise de donner une Charte au Portugal, et vous verrez qu'on aura bientôt découvert qu'il n'est qu'un usurpateur.

» Je n'ai que quelques mots à dire sur Alger : j'irais trop loin, et je serais trop long en recherchant si l'expédition est faite en temps opportun, si les troupes seront assez nombreuses, si la saison n'est pas trop avancée, si les fonds nécessaires seront demandées aux Chambres (il n'en est pas question dans le discours), si des marchés ont été passés avec publicité et concurrence, si l'on a déjà fait, par anticipation, des dépenses qui pourraient tomber en pure perte. Abandonnant ces graves questions, je déclare que je suis toujours d'avis que l'on châtie toute insulte faite au pavillon de la France, soit que l'outrage vienne d'un pirate ou du premier potentat de chrétienté. Mais quand j'entends répéter qu'on nous a permis de porter des soldats en Afrique, je pense que l'on a calomnié les ministres, car je cherche à qui l'on aurait pu demander cette permission. Les vieux capitaines que j'aperçois dans cette enceinte, avaient-ils besoin, il y a une vingtaine d'années, des feuilles de route de l'amirauté anglaise, pour voyager avec la victoire d'un bout de l'Europe à l'autre? Je ne sache pas, d'un autre côté, que nous ayons visé les papiers de mer de lord Exmouth, pour aller bombarder Alger.

» Maintenant, Messieurs, après avoir parlé des affaires étrangères, il me reste à vous entretenir de nos affaires intérieures.

» Je n'assistais point à la séance royale. A la lecture des dernières lignes du discours de la Couronne, prenant ces lignes dans le sens clair et logique qu'elles présentent, comme une menace des ministres d'en appeler aux *Français*, dans le cas où tout n'irait pas selon leurs vœux, je demeurai consterné. Je me demandai où nous étions, où nous allions, dans quelle série de faits et de conséquences funestes les conseillers du Roi se plaçaient et nous plaçaient. Que dans un moment de terreur ou dans un accès d'orgueil ou d'imprudence, un ministre frappe un coup d'Etat, on le conçoit; mais qu'il prépare une suite de coups d'Etat, sans savoir ce qui arrivera dans cette carrière semée d'abîmes, comment il franchira l'un après l'autre ces abîmes; voilà ce qui véritablement est inexplicable.

» De grands talens excusent, s'ils ne justifient, des entreprises hasardeuses; le génie a sa dictature et sa tyrannie; on les subit quelquefois; mais il faudrait plaindre des ministres qui, n'ayant jamais manié les affaires d'un grand peuple, ne craindraient pas, pour leur coup d'essai, d'ébranler le

trône par des mesures extraordinaires, de com-
promettre les droits fondés, les intérêts acquis, et
toutes les positions sociales.

» Reportez-vous, Messieurs, aux jours qui ont
précédé la formation du cabinet actuel : la France
jouissait, à cette époque, de la plus profonde paix ;
ceux qui avaient pu rêver des doctrines inappli-
cables, découragés par la raison et le calme des
esprits, se retiraient ; on ne demandait que la pai-
sible exécution de la Charte : il y a mieux, on n'y
pensait plus, comme cela arrive lorsqu'une constitution ne trouve plus de contradicteurs, qu'elle
s'établit avec le temps, qu'elle entre dans les
mœurs populaires. Entendait-on parler alors d'as-
sociations pour le refus de l'impôt ? Avait-on à se
plaindre de la manifestation de quelques opinions ?
On menace aujourd'hui nos institutions, on invo-
que cet article 14 au profit duquel je disais autre-
fois qu'on essaierait de confisquer la Charte ; or,
toute action amène une réaction : mettez en avant
les principes du despotisme, on vous répondra par
les axiomes de la démocratie. Renvoyons donc le
mal à sa source.

» Je le répète : la France, avant le 8 août, était
tombée dans le plus profond repos. Le Roi, en-
touré d'amour et de respects, n'avait plus qu'à
jouir du spectacle des bienfaits qu'il avait répandus sur ses peuples. Tout principe de mouvement
était détruit dans les masses ; elles avaient obtenu
ce qu'elles avaient demandé : la liberté et l'égalité
par et devant la loi. Où étaient-ils ces grands en-
nemis de la légitimité, contre lesquels la résistance
des anciens ministres se trouvait insuffisante ?
Chose désirable, en effet, pour les vrais partisans
de la liberté, qu'une usurpation, républicaine ou
monarchique, dont le premier acte forcé serait
d'ôter à la France la liberté de la presse et la liberté
de la parole. Il y a une force dont j'oserais me

vanter, parce que, le cas échéant, je ne tirerais pas cette force de moi, mais de la nature des choses : qu'on mette devant moi une usurpation quelconque, et qu'on me laisse écrire, je ne demande pas un an pour ramener mon Roi, ou pour élever mon échafaud. La liberté est la première alliée de la légitimité : que celle-ci la mette de son côté, et elle se peut rire de toutes les ambitions conjurées contre elle.

» Cette liberté est aussi, Messieurs, la première sûreté de votre existence aristocratique. Les priviléges de l'autre Chambre sont la plus forte garantie des vôtres. Ces faiseurs de théories, qui, dans l'état actuel des mœurs, supposent qu'une chambre héréditaire pourrait se maintenir seule au milieu de la nation, et remplacer la représentation nationale, sont ou les plus aveugles, ou les plus insensés des hommes.

» Nobles Pairs, toute révolution venant d'en-bas, est aujourd'hui impossible ; mais cette révolution peut venir d'en-haut ; elle peut sortir d'une administration égarée dans ses systèmes, ignorante de son pays et de son siècle. Je renferme mes pensées, je contiens mes sentimens, je ne développe rien, je n'approfondis rien, je ne lève point le voile qui couvre l'avenir ; je laisse ce discours incomplet, parce que mon attachement à la légitimité arrête et brise mes paroles. Royaliste, je n'hésite point sur les rangs où je dois me placer aujourd'hui ; je demanderais seulement qu'on m'indiquât le poste où je devrais consommer mon sacrifice, si un seul mot de Charles X ne pouvait dissiper les périls et les ténèbres que l'on a répandus sur la France.

» Tout ce que je ne dis point ici, Messieurs, je désirais le dire à S. M., en la suppliant de m'accorder la douloureuse permission de déposer à ses pieds ses bienfaits. Qui sait ce qu'une voix

fidèle, émue, sortant du cœur et des entrailles
d'un royaliste, aurait pu produire? Cette voix, il
ne m'a pas été accordé de la faire entendre. Après
le Roi, Messieurs, je ne connais pas de juges plus
élevés et plus respectables que mes nobles collè-
gues. C'est donc aux Pairs de France, aux premiers
soutiens du Trône, que j'ai osé confier une faible
partie de mes craintes et de mes sentimens.

» Les dernières lignes du discours de la Couronne ne justifient que trop la triste prévoyance qui
m'a obligé d'interrompre une carrière aussi conforme à mes goûts qu'à mes études. Je n'ai point
abandonné sans regrets le poste honorable que le
Roi m'avait confié.

» On a pris ces regrets pour du repentir; je le
conçois : il y a des hommes qui auraient des re-
mords d'abandonner la fortune. Quant à moi,
Messieurs, j'étais bien peu fait pour tant d'éclat,
d'honneurs et de richesses. Je suis rentré dans
mon obscurité, comme ces émigrés, mes anciens
compagnons d'armes et de souffrances, que je re-
trouvai sur la route de Gand. Il semblait que l'exil
nous était naturel; nous avions la sérénité de la
bonne conscience, la satisfaction du devoir accompli : nous suivions le Roi.

» Ne voulant, Messieurs, ni repousser le beau
travail de votre commission, ni me séparer de
ceux de mes nobles amis qui donnent leur assen-
timent au projet d'adresse, par la raison que ce
projet n'a rien, ni d'approbatif, ni de laudatif, dé-
sirant ainsi ne faire aucune opposition à la majorité de la Chambre; mais, d'un autre côté, ne
pouvant m'empêcher de trouver le projet d'adresse
insuffisant dans les circonstances graves où nous
sommes, ma résolution est de m'abstenir de tout
vote, afin de garder à la fois les convenances des
liaisons parlementaires, et de satisfaire à mes scru-
pules politiques. »

PROCLAMATION DU ROI.

« CHARLES , PAR LA GRACE DE DIEU, ROI DE
» FRANCE ET DE NAVARRE,

» A tous ceux qui ces présentes verront, salut.

» La session de 1830 de la Chambre des Pairs
» et de la Chambre des Députés des départemens,
» est prorogée au premier septembre prochain.

» La présente proclamation sera portée à la
» Chambre des Députés par notre Ministre secré-
» taire d'état au département de l'intérieur, et
» notre Ministre de la marine.

» Donné à Paris, au château des Tuileries, le
» dix-neuvième jour du mois de mars de l'an de
» grâce 1830, et de notre règne le sixième.

» CHARLES.

» Par le Roi :

» *Le ministre secrétaire d'état du département*
» *de l'intérieur,*

» MONTBEL

» Pour ampliation :

» *Le conseiller d'état secrétaire général*
» *du Ministère de l'intérieur,*

» B^{on} DE BALZAC. »

LISTE

De MM. les Députés qui ont voté pour l'Adresse.

MM.

Agier (Deux Sèvres).
D'Andigné de la Blanchetaye (Maine et Loire).
Andre (Haut Rhin).
Le comte d'Angosse (B. Pyrénées).
Angot (Manche).
Audry de Puyraveau (Char.-Infér.).
Baillot (Seine et Marne).
Balguerie aîné (Gironde).
Bavoux (Seine).
Louis Bazile (Côte d'Or).
Bellemare (Calvados).
Bérard (Seine et Oise).
Bérenger (Drôme).
Bérigny (Seine Inférieure).
Bertin de Vaux (Seine et Oise).
Bertrand (Haute Loire).
Bessières (Dordogne).
Bignon (Eure).
Le m. de Bizemont (Seine et Oise).
Boigue (Nièvre).
Boissy d'Anglas (Ardèche).
Le comte de Bondy (Indre).
Bosc (de l'Aude).
Bosc (de la Gironde).
Boula de Coulombiers (Vosges).
Boulard (Oise).
Bourdeau (Haute Vienne).
Bourdon du Rocher (Sarthe).
De Bourgon (Doubs).
De Bray (Somme).
De Bricqueville (Manche).
De Brigode (Nord).
Brun de Villeret (Lozère).
Busson (Eure et Loir).
Cabanon (Seine Inférieure).
Calmelet (Indre et Loire).
De Calmon (Lot).
Le m. de Cambon (Haute Garonne).
Baron Alex. de Cambon (Tarn).
Cassaignolles (Ardèche).
Caumartin (Somme).
Vicomte de Caux (Nord).
De Champy (Vosges).
Chardel (Seine).
De Chastelier (Gard).
Le comte Clausel (Ardennes).
Clément (Doubs).

MM.

Benjamin Constant (Bas Rhin).
De Corcelles (Seine).
Cordier (Jura).
Le m. de Cordoue (Drôme).
De Cormenin (Loiret).
Coudere (Rhône).
Crignon de Montigny (Loiret).
Crignon de Bonvalet (Loire et Ch).
Cunin Gridaine (Ardennes).
Dartigaux (Basses Pyrénées).
Daunant (Gard).
Daunou (Finistère).
Delessert (Maine et Loire).
Delaunay (Mayenne).
Demarçay (Seine).
Despatys (Seine et Marne).
Devaux (Cher).
Firmin Didot (Eure et Loir).
Marquis Dollon (Sarthe).
Dompierre d'Hornois (Somme).
Marquis de Drée (Saône et Loire).
Comte Duchâtel (Char. Inférieure).
Dufour de Bessan (Gironde).
Comte Mathieu Dumas (Seine).
Dumeylet (Eure).
B. Dupin (Tarn).
Dupin aîné (Nièvre).
Dupont (Eure).
Franç. Durand (Pyrén. Orientales).
Duris-Dufresne (Indre).
Duvergier de Hauranne (Seine Inf.).
Enouf (Manche).
Eschasseriaux (Char. Inférieure).
Etienne (Meuse).
Faure (Isère).
Favard de Langlade (Puy de Dôme).
Fleury (Calvados).
Fleury (Orne).
Fontaine (Pas de Calais).
Fontette (Calvados).
Froidefon de Bellisle (Dordogne).
Gazan (Eure).
Gallot (Charente Inférieure).
Gauthier (Gironde).
Genin (Meuse).
Gellibert (Charente).
Gérard (Dordogne).
Girod (Indre et Loire).

MM.

Gouve de Nuncq (Pas de Calais).
De Grammont (Haute Saône).
Gravier (Hautes Alpes).
Gréa (Doubs).
Comte Guéheneuc (Marne).
Guilhem (Maine et Loire).
Guizot (Calvados).
Comte d'Harcourt (Seine et Marne).
Harlé (Pas de Calais).
Hély-d'Oissel (Seine Inférieure).
Hennessy (Charente).
Hernoux (Côte d'Or).
His (Orne).
Humann (Aveyron).
Humblot Conté (Rhône).
Hyde de Neuville (Nièvre).
Jacqueminot (Vosges).
Jars (Rhône).
Lucas Jobert (Marne).
De Jouvencel (Seine et Oise).
Kératry (Vendée).
Labbey de Pompières (Aisne).
Le comte Laborde (Seine).
Lachèze (Loire).
Le général Lafayette (Seine et M.).
Georges Lafayette (Seine et Oise).
Jacques Lafitte (Basses Pyrénées).
Martin Lafitte (Seine Inférieure).
Laffont de Blaniac (Lot et Gar.).
Laidet (Basses Alpes).
Laisné de Villevêque (Loiret).
De Lalot (Charente).
Le général Lamarque (Landes).
Charles Lameth (Seine et Oise).
Lascours (Gard).
Lecarlier (Aisne).
Leclerc (Calvados).
Lefebvre (Seine).
Legendre (Eure).
Legrix-Delasalle (Gironde).
Lemercier (Orne).
Léridan (Morbihan).
Levaillant de Bovent (Oise).
Augustin Leyval (Puy de Dôme).
Lobau (Meurthe).
Lorgeril (Ille et Vilaine).
Laval (Vendée).
Le baron Louis (Seine).
Lussy (Hautes Pyrénées).
Maille (Seine Inférieure).
Marschal (Meurthe).
Marchegay de Lonsigny (Vendée).
Le marquis Marmier (Vosges).
Martell (Gironde).

MM.

Martin (Seine Inférieure).
Mauguin (Deux Sèvres).
Méchin (Aisne).
Mercier (Orne).
De Metz (Meurthe).
Migeon (Haut Rhin).
Comte de Montbriant (Ain).
Morel (Nord).
Baron de Mornay (Ain).
Moyne (Saône et Loire).
Nogaret (Aveyron).
Oberkampf (Seine et Oise).
Odier (Seine).
Paillard Ducléré (Mayenne).
Pataille (Hérault).
Pavée de Vandœuvre (Aube).
Pelet (Loir et Cher).
Alexandre Perrier (Loiret).
Augustin Perrier (Isère)
Camille Perrier (Sarthe).
Casimir Perrier (Aube).
Pelletier d'Aulnay (Seine et Oise).
Perrine d'Hautpoul (Aude).
Petou (Seine Inférieure).
Podenas (Aude).
De la Pommeraye (Calvados).
Poujeard du Limbert (Charente).
Poyféré de Cère (Landes).
Le c. de Preissac (Tarn et Garonne).
Raudot (Yonne).
Rambuteau (Saône et Loire).
Renouvrier (Haut Rhin).
Reinach (Haut Rhin).
De Ricard (Gard)
De Richemont (Allier).
Gaetan de la Rochefoucauld (Cher).
C. Alex. de la Rochefoucauld (Oise).
Rodet (Ain).
Roman (Yonne).
Rouillé de Fontaine (Somme).
Royer-Collard (Marne).
Comte Xavier de Sade (Aisne).
Saglio (Bas Rhin).
Auguste de Saint-Aignan (Loire Inf.)
Louis de Saint-Aignan (Loire Inf.).
C. de Saint-Cricq (Basses Pyrénées).
C. de Sainte-Hermine (Deux Sèvres).
Salverte (Seine)
Sapey (Isère)
Schonen (Seine).
Comte Sébastiani (Aisne).
Vic. Sébastiani (Corse).
B. Simmer (Puy de Dôme).
Tardif (Calvados).

MM.
Ternaux (Vienne).
Thénard (Yonne).
Le comte de Thiard (Saône et Loire).
Tibord du Chalard (Creuse).
Thil (Seine-Inférieure).
Thomas (Bouches du Rhône).
Thouvenel (Meurthe).
Vic. Tirlet (Marne).
Toupot de Bevaux (Haute Marne).
Vic. de Tracy (Allier).

MM.
Tribert (Deux Sèvres).
Tronchon (Oise).
Turckheim (Bas Rhin).
De Vendeul (Haute Marne).
Vassal (Seine).
Vaulot de Mortagne (Vosges).
Verneilh de Payraseau (Dordogne).
Viennet (Hérault).
Voisin de Gartempe (Creuse).

Liste des Députés qui n'ont pas voté pour l'Adresse.

MM.
Le vicomte d'Abancourt (Ardennes).
D'Aguillon (Var).
Le vicomte d'Alzon (Hérault).
Amat (Hautes Alpes).
D'Andigné de Restaut (Sarthe).
Le baron d'Anthès (Haut Rhin).
Le comte d'Augier (Vaucluse).
Babey (Jura).
Le baron Balzac (Moselle).
Le baron Baron (Var).
Barrois (Nord).
De Bastoulh (Haute Garonne).
Le m. de Bausset (Bouc. du Rhône).
Beauquesne (Tarn et Garonne).
Becquey (Haute Marne).
De Bellemare (Calvados).
Le m. de Bellissen (Tarn et Garonne).
Belleyme (Dordogne).
Benoit de la Salle (Aveyron).
Le chev. de Berbis (Côte d'Or).
Le marquis de Bernis (Ardèche).
Berryer (Haute Loire).
Béraud (Allier).
Bizien du Lézard (Côtes du Nord).
Le vic. Blin de Bourdon (Somme).
De Boisbertrand-Tessard (Vienne).
Le comte de Bonvouloir (Manche).
Le c. Boscal de Réals (Char. Infér.).
Briant de Laubrière (Finistère).
Brillet de Villemorge (M. et Loire).
De Brusset (Haute Saône).
Le baron de Burosse (Gers).
De Caqueray (Maine et Loire).
Carcaradec (Côtes du Nord).
De Carcouet (Loire Inférieure).
Le vicomte Castéja (Somme).
Le comte de Chabot (Vendée).
Chabrol de Volvic (Puy de Dôme).
Chagrin de Brullemail (Orne).
De Champvallins (Loiret).

MM.
De Chantelauze (Loire).
Le comte de Charencey (Orne).
De Châteaufort (Sarthe).
Chevallier-Lemore (Haute Loire).
Choiseul d'Aillecourt (Orne).
Le baron de Cholet (Meuse).
Le baron de Clarac (Haut. Pyrénées).
Colomb (Hautes Alpes).
Le vicomte de Conny (Allier).
Cotteau (Nord).
Le comte Coutard (Sarthe).
De Lastours (Tarn).
Lazerme (Pyrénées Orientales).
Léon-Leclerc (Mayenne).
Le baron de Lépine (Nord).
Letissier (Indre et Loire).
De Lorinier (Manche).
De Lugat (Lot et Garonne).
Le comte de Lur-Saluces (Gironde).
De Lussy (Hautes Pyrénées).
Le marquis de Lyle-Taulane (Var).
Du Maisniel (Somme).
Mallard de Lavarende (Eure).
Marchand-Collin (Moselle).
Le chev. de Margadel (Morbihan).
De Marhallach (Finistère).
Le vic. de Martignac (Lot et Gar.).
Le vicomte de Mauléon (Gers).
De Maussion d'Aranssy (Aisne).
De Meaux (Loire).
Le comte de Meffray (Isère).
Mestadier (Creuse).
Michel de Saint-Albin (Moselle).
Le comte de Mirandol (Dordogne).
De Monceaux (Manche).
Le baron de Montbel (Haute Gar.).
Le c. de Monbourcher (Ille et Vil.).
Le c. de Montbron (Haute Vienne).
Le vicomte de Montsaulnin (Cher).
Le comte de Mornac (Vendée).

MM.

Le comte de Mostuéjouls (Aveyron).
Mousnier-Buisson (Haute Vienne).
Le m. de la Moussaye (Côtes du Nord)
Le c. Alexis de Noailles (Corrèze).
D'Ounous (Ariége).
Le vicomte de Panat (Gers).
Pardessus (Bouches du Rhône).
Le baron Pas-de-Beaulieu (Nord).
Paul de Châteaudouble (Var).
De Pignerolles (Mayenne).
Le marquis de Pina (Isère).
Le baron de Cressac (Vienne).
Creuzé (Vienne).
Croizet (Cantal).
Le duc de Crussol (Gard).
Le vicomte de Curzay (Vienne).
Delauro (Aveyron).
Domezon (Gers).
Le marq. de Doria (Saône et Loire).
Drouilhet de Sigalas (Lot et Gar.).
Le chev. Duhourg (Haute Garonne).
Ducasse de Horgue (Hautes Pyrén.).
Dumans (Mayenne).
Duplessis de Grénédan (Ille et Vil.).
Le comte Dupont (Charente).
Duquesnoy (Pas de Calais).
Durand-d'Elcourt (Nord).
Dussol (Lot).
Le marq. d'Escayrac (Tarn et Gar.).
Le chev. de Féligonde (Puy de Dôme)
De Flaugeac (Lot).
Fleuriau de Bellevue (Charente Inf.).
De Fontenay (Saône et Loire).
De Formont (Loire Inférieure).
Franqueville de Bourlon (Nord).
Le b. de Fournas de Moussoulens
  (Aude).
Le vic. de Fussy (Cher).
Gelis (Tarn).
Guérin (Loire).
Le c. de Gestas (Basses Pyrénées).
Le c. de Guernisac (Finistère).
L'amiral Halgan (Morbihan).
Le baron d'Haussez (Landes).
Le baron Higonet (Cantal).
Jacquinot-Pampelune (Yonne).
Le baron Jankowitz (Meurthe).
De Kerjégu (Côtes du Nord).
De Kérouvriou (Finistère).
Le m. de Laboessière (Morbihan).
Le vic. Laboullaye (Ain).
Le gén. comte de la Bourdonnaye
  (Morbihan).
Le Labretonnière (Drôme).

MM.

Lacroix de Laval (Rhône).
Le baron Lafond (Lot et Garonne).
Lamandé (Sarthe).
Le comte de Lamezan (Gers).
Le vicomte de Lapeyrade (Hérault).
Le c. de Lapotherie (Maine et Loire).
De Lardemelle (Moselle).
De Larode (Yonne).
Le comte de Lastic (Cantal).
Murat (Nord).
Planelli de Lavalette (Isère).
Le comte de Pinieux (Eure).
Potteau d'Hancarderie (Nord).
Le baron de Puymaurin (Haute Ga-
  ronne).
Le c. de Quelen (Côtes du Nord).
Reboul (Vaucluse).
Le v. Renouard de Bussière (Bas
  Rhin).
Riberolles (Puy de Dôme).
S. de la Rochefoucauld (Marne).
Le m. de Rochegude (Vaucluse).
Le c. C. de Roncherolles (Eure).
De Roquette (Haute Garonne).
De Roux (Bouches du Rhône).
Ch. de Saint-Blanquat (Ariége).
De Sainte-Marie (Nièvre).
Le v. de Saintenac (Ariége).
Le c. de Saint-Georges (Morbihan).
Le c. de Saint-Légier (Charente Inf.).
Le c. de Saint Luc (Finistère).
Le c. Salaberry (Loir et Cher).
Seguy (Lot).
Le comte Sévère de la Bourdonnaye
  (Ille et Vilaine).
De Syrieys (Lot).
Le m. de Tardy (Loire).
Le baron du Teil (Moselle).
Du Temple de Chevrigny (Eure et
  Loir).
Le m. Terrier de Santans (Doubs).
Le v. du Tertre (Pas de Calais).
Le c. de Thomassin de Bienville
  (Haute Marne).
De Turmel (Moselle).
Urvoy de Saint-Bedan (Loire Infér.).
Le m. de Vaulchier (Jura).
De Verna (Rhône).
Le c. de Vichy (Saône et Loire).
Le v. Villebrune (Ille et Vilaine).
Le b. de Villeneuve (Haute Saône).
Le b. de Wangen de Gerolsheck
  (Bas Rhin).